Los pequeños Sherlock

MI PRIMERA INVESTIGACIÓN

Pánico en la sabana

Textos: Sandra Lebrun
Ilustraciones: Patrick Morize

LAROUSSE

SUMARIO

PERSONAJES

Toby
el perro detective

Maki
el gato perspicaz

Quico
el loro sagaz

Lulú
la tórtola astuta

Sherlock Holmes
detective privado

El doctor Watson
su amigo de toda la vida

El inspector Lestrade
de Scotland Yard

La señora Hudson
el ama de llaves

TU MISIÓN

En la sabana se ha producido un extraño incidente: ¡la corona del rey león ha desaparecido! Sherlock Holmes ha encargado la investigación a Toby, su perro fiel.

Pero el perro detective te necesita...

Ayuda a  TOBY,  MAKI,  QUICO y  LULÚ

Para atrapar al culpable no olvides tu

LUPA FILTRANTE.

La necesitarás cada vez que encuentres este dibujo al lado de una instrucción. La lupa te permitirá ver a través de las zonas camufladas en rojo.

¿Todo listo para empezar?
¡Pues adelante: pasa la página,
Toby te está esperando... y Sherlock Holmes cuenta contigo!

LA CARTA MISTERIOSA

Esta mañana, el loro Quico entrega una misteriosa carta al inspector Lestrade. El inspector observa que procede de África y coge la lupa para intentar leer el mensaje...

Para ayudar al inspector, utiliza tu lupa y sustituye cada símbolo por la letra correspondiente.

¿QUIÉN ES?

El inspector Lestrade se pregunta de qué rey hablará la carta. Cuando gira la hoja, ve el inicio de un dibujo...

Une los puntos siguiendo el orden de los números, del 1 al 20, para ayudar al inspector a descubrir el retrato del rey.

¡UN NUEVO CASO!

El inspector Lestrade se va enseguida hacia la casa de la señora Hudson, donde viven el detective Sherlock Holmes y el doctor Watson. Cuando llega, Quico quiere explicárselo todo a sus amigos, pero no los ve...

¡TODO UN RETO!

El inspector Lestrade explica la misión a Sherlock Holmes y al doctor Watson. Quico, Lulú, Toby y Maki están listos para este nuevo caso.

Para entender lo que dice el inspector, di en voz alta lo que representa cada dibujo del bocadillo.

¡HAY QUE PREPARAR LAS MALETAS!

¡Está decidido! Toby y Maki irán a África con Lulú y Quico. Sherlock Holmes y el doctor Watson se trasladarán más adelante. La señora Hudson los ayuda a preparar el equipaje.

Con la ayuda de la lupa, busca las pertenencias de Maki y Toby que aparecen en sus listas.

¡VÁMONOS!

Mientras el equipo de detectives termina de prepararse, Sherlock Holmes y el doctor Watson esperan el taxi que han pedido. Holmes se pregunta cuál de estos hombres debe de ser el conductor que los llevará al aeropuerto...

Ayuda a Sherlock Holmes a encontrar al conductor. Lleva:

- un paraguas
- una gorra negra
- una corbata rosa
- gafas redondas

UN VIAJE MOVIDO

¡Las condiciones meteorológicas no son las ideales para viajar en avión! El piloto tiene que cruzar las nubes sin pasar por los copos de nieve.

Utiliza la lupa para ayudar al piloto a tomar el camino correcto para ir a África: es aquel en el que no hay copos de nieve.

EL REY DE LOS ANIMALES

El viaje ha ido estupendamente y a los cuatro amigos no les ha costado nada dar con el paradero del león. Sin embargo, no se atreven a molestarlo: aún duerme. Y eso que sus cachorros están jugando cerca de él como si nada...

¡GRRR!

Al oír el ruido, el león bosteza. Quico y Lulú no las tienen todas consigo cuando ven sus enormes dientes. Por su parte, Toby ha descubierto un montón de huesos cerca del rey de los animales, y ya se le está haciendo la boca agua...

PRIMER CONTACTO

El león está encantado de saber que los investigadores van a ayudarlo. Mientras les está contando que el robo se produjo cuando dormía, llegan dos leonas que vuelven de cazar... ¡Quico y Lulú corren a esconderse inmediatamente!

Descubre con ayuda de la lupa dónde se han escondido Quico y Lulú. Luego, busca las cinco diferencias entre las dos leonas.

¡UNA PISTA!

Toby interroga a las dos leonas, pero ellas tampoco vieron nada porque dormían. Sin embargo, sí recuerdan que aquella noche oyeron a un animal... Una de ellas lo dibuja en la arena con la zarpa...

Une los puntos, del 1 al 20, para descubrir el dibujo de la leona.

¡POR AQUÍ!

Todo el equipo examina el suelo en busca de una huella de jirafa. Quieren saber en qué dirección deben ir para encontrarla...

Utiliza tu lupa para ayudar a los cuatro amigos a encontrar las huellas de la jirafa y elegir el camino correcto.

UNOS TESTIGOS MUY PECULIARES

Las huellas los conducen hasta un grupo de monos. Cuando Toby les pregunta dónde pueden encontrar a la jirafa, cada uno apunta hacia una dirección diferente...

Relaciona cada sombra con el mono al que corresponde. El único que no tiene sombra es el que indica la dirección correcta.

¿QUIÉN HAY AHÍ?

Siguiendo los consejos del mono, los investigadores llegan a una enorme charca, pero no ven a la jirafa... ¡Alguien ha saltado dentro del fango y ha salpicado a todo el mundo!

Utiliza la lupa para descubrir a los animales salpicados de fango. Luego, colorea las zonas según el código para averiguar quién ha saltado a la charca:

UNA VALIOSA AYUDA

Toby quiere interrogar al hipopótamo para saber si ha visto a la jirafa. Este sale enseguida de la charca para ayudarlos.

¿DÓNDE ESTÁ?

Toby, Maki, Quico y Lulú siguen buscando a la jirafa. Según la información que les ha dado el hipopótamo, no debe de andar muy lejos...

Utiliza tu lupa para ayudar a los cuatro amigos a buscar a la jirafa. ¿La ves?

¡POR FIN!

¡Por fin han encontrado a la jirafa! Los cuatro amigos están muy contentos. Quico y Lulú van volando hacia ella para preguntarle si ha visto al ladrón de la corona. Pero la jirafa vacila y no da una respuesta clara...

Utiliza tu lupa para ayudar a Quico y a Lulú a averiguar si la jirafa ha visto algo. ¿Encuentras más «síes» o más «noes»?

UNA LARGA CAMINATA

La jirafa tiene una idea: los llevará a ver a las cebras para que les hagan la misma pregunta. Los cuatro amigos la siguen de cerca para no perderse en la sabana.

Tienen que pasar, sucesivamente, junto a:

LA MANADA DE CEBRAS

Nada más llegar, la jirafa busca a la cebra Ginebra, que es amiga suya, pero hay tantas cebras que no la ve...

Ayuda a la jirafa a encontrar a la única cebra que no tiene una gemela.

¡ESCUCHA BIEN!

¡La cebra Ginebra está aquí! Cuando Toby le pregunta si sabe algo del asunto de la corona del león, Ginebra responde relinchando ruidosamente...

Para ayudar a Toby a entender lo que dice la cebra Ginebra, tacha todos los gritos «HI» y «HA».

¡MEDIA VUELTA!

¡Decididamente, esta pista no los lleva a ninguna parte! Toby decide regresar e ir a ver al león. Quizá haya descubierto nuevas pistas...

Con ayuda de tu lupa, sigue el orden de las flechas para encontrar el camino que conduce hasta el león. Para facilitarte la tarea, ya se ha colocado la primera flecha.

UNA NUEVA PISTA...

En cuanto llegan los cuatro amigos, el león los conduce al lugar exacto donde dormía la noche del robo. Efectivamente, cree haber descubierto algo interesante.

LA LISTA DE SOSPECHOSOS

¡Quico y Lulú están impresionados por el tamaño de las huellas!
Las leonas se quedan pensando y entregan a Maki una lista de grandes aves que viven en la sabana.

Con ayuda de la lupa, tacha las palabras que puedes escribir con las letras de las hojas. Quedará un único nombre de ave.

¡LA INVESTIGACIÓN CONTINÚA!

Por el camino, los amigos encuentran a un pastor, que quiere ayudarlos a localizar a la grulla. Pero antes tiene que encontrar a sus cabras para llevarlas de vuelta al poblado

Utiliza tu lupa para ayudar al pastor a escoger el camino correcto: ¡es aquel donde hay más cacas de cabra!

¡QUÉ CALOR!

¡Conseguido! ¡Todas las cabras están ya en el poblado! El pastor invita a los cuatro detectives a su casa para que descansen.

Pinta la casa basándote en las siguientes formas:

UNA PEQUEÑA PAUSA

Mientras los cuatro amigos descansan a la sombra, el pastor aprovecha para ordeñar las cabras. Cuando los cubos estén llenos, podrán ir en busca de la grulla.

Utiliza la lupa y cuenta los cubos que aún no están llenos.

¡EN MARCHA OTRA VEZ!

El pastor los acompaña a un termitero y les muestra el camino que lleva hasta la pradera. Con un poco de suerte, allí encontrarán a las grullas.

Utiliza la lupa para ayudar a Toby a seguir las flechas e ir de piedra en piedra hasta llegar a la pradera.

UN LUGAR INQUIETANTE

Al llegar a la pradera, Toby, Maki, Quico y Lulú no están del todo tranquilos. Tienen la sensación de que alguien los observa a través de esa hierba tan alta.

Utiliza la lupa para examinar qué hay entre la hierba. Si alguien los observa, grita: «¡cuidado!».

¡QUÉ MIEDO!

Toby y Maki huyen pies para qué os quiero, mientras que Lulú y Quico se escapan volando. ¡Al ganar altura, descubren el animal que los observaba!

Colorea las zonas según el código para descubrir de qué animal se trata:

¡QUE NO CUNDA EL PÁNICO!

Quico y Lulú ya están más tranquilos, ¡pero Toby y Maki han desaparecido! Las dos aves salen volando a buscarlos.

¡TODOS JUNTOS!

¡El equipo por fin está reunido de nuevo! Lulú y Quico guían a sus amigos hasta el lugar donde están las grullas. Pero, para su sorpresa, las grullas no están solas... también hay abubillas y pelícanos. «¡Mucho mejor! —piensa Toby—. Así los podremos interrogar a todos».

Ayuda a Toby a encontrar a las grullas. ¿Cuántas ves?

¿QUIÉN TIENE LA CORONA?

Las grullas responden que ellas ya tienen una corona sobre la cabeza y las abubillas argumentan que son demasiado pequeñas para llevarla ellas. En cambio, los pelícanos tienen un pico muy grande...

Utiliza la lupa y ayuda a Toby a encontrar qué lleva cada pelícano en el pico. ¿Qué ves?

¡UNA VERDADERA PISTA!

El jefe de los pelícanos llega y se saca del pico un objeto que ha encontrado cerca del poblado del pastor de cabras. Los cuatro amigos se preguntan qué será...

Une los puntos siguiendo el orden de los números, del 1 al 19, y descubrirás ese objeto misterioso.

EL RETORNO DEL REY

¡De repente, todas las aves levantan el vuelo! Es normal: ha llegado el rey león. Y tiene nueva información para los investigadores.

Para entender lo que dice el león, di en voz alta lo que representa cada dibujo del bocadillo.

LAS PISTAS

¡Fantástico! ¡Esta pluma será muy útil para encontrar al ave! Toby y Maki repasan las diferentes pistas que tienen hasta ahora.

Ayuda a Toby y a Maki a completar esta tabla, sabiendo que en cada fila y cada columna debe haber estos cuatro elementos:

LA INVESTIGACIÓN AVANZA...

Lulú y Quico salen volando a buscar a Sherlock Holmes y al doctor Watson. Saben que, para no equivocarse de camino, tienen que seguir al grupo de ñus más numeroso.

Observa los ñus y di si hay más que van hacia la derecha o bien hacia la izquierda.

¡QUÉ BUENA IDEA!

Toby tiene una idea: como están buscando un ave, necesitan a alguien que los ayude a estar altos. El león llama a sus amigos los elefantes.

Ayuda a Maki a encontrar al elefante que los va a llevar. No es ni el más pequeño ni el más grande, y está entre dos elefantes.

UNA RUTA PELIGROSA

Mientras Maki y Toby buscan una nueva ave, Sherlock Holmes y Watson cruzan la sabana para reunirse con ellos. Pero el camino oculta algunos peligros...

Utiliza tu lupa para ayudar al burro
a encontrar el camino sin serpientes.

¡ADELANTE!

Ahora que el equipo está al completo, el elefante propone llevarlos al único lugar que todavía no han inspeccionado... Sabe que allí anidan algunas aves.

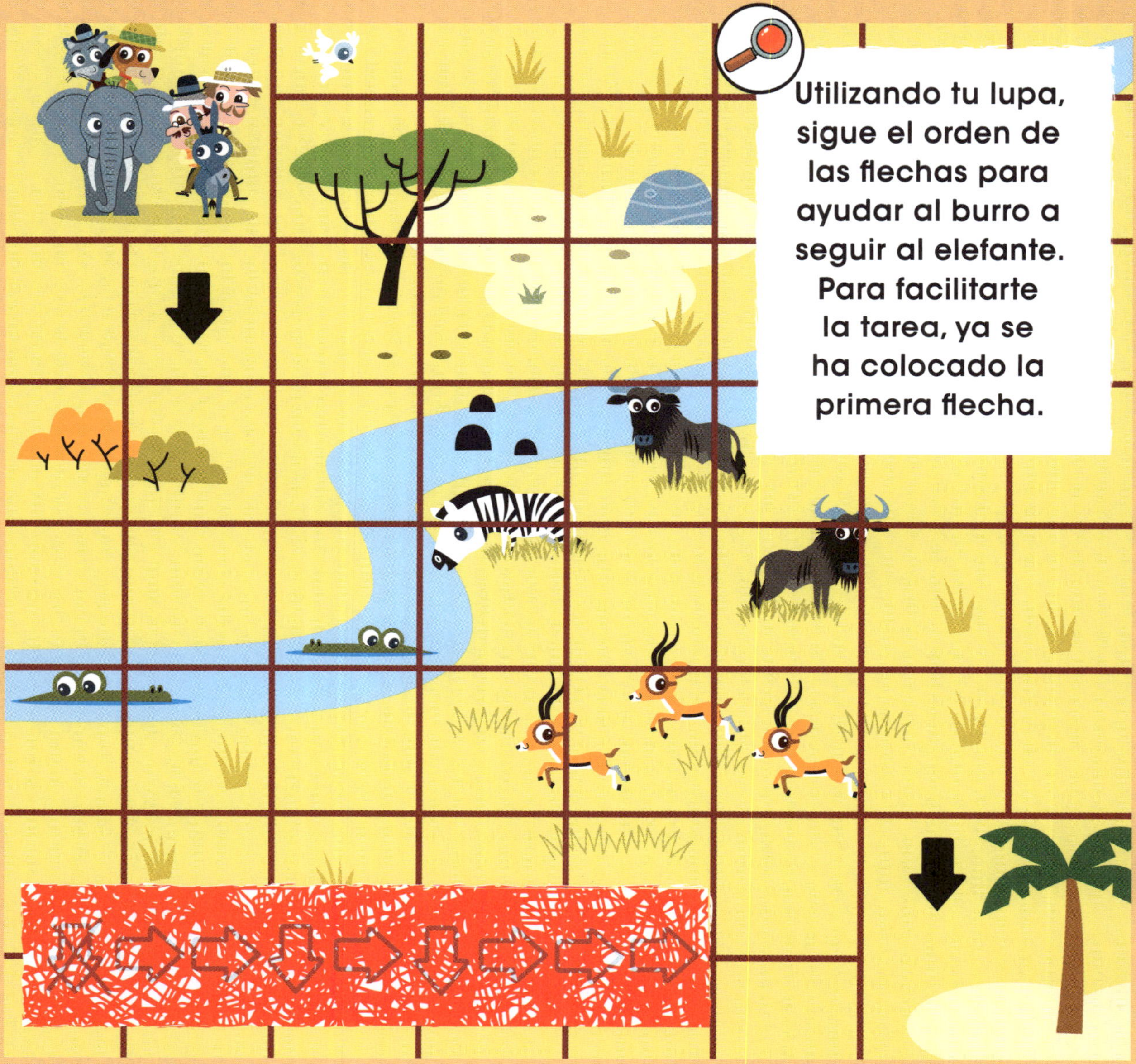

¡ES ALLÁ!

—¡No es un espejismo! —exclama Sherlock Holmes—. ¡Nos estamos aproximando a un oasis!

El elefante quiere enseñarles una palmera en concreto...

Ayuda a Toby a encontrar la única palmera que no está repetida.

¡CERCA DEL OBJETIVO!

Al pie de la palmera, Toby y Maki intentan mirar entre el follaje, pero el sol los deslumbra. Quico y Lulú deciden ir a echar un vistazo...

Utiliza tu lupa para ayudar a Quico y Lulú a descubrir qué hay entre el follaje. ¿Qué ves tú?

¡A TREPAR SE HA DICHO!

Sin pensarlo dos veces, Sherlock Holmes lanza cuatro cuerdas para trepar hasta lo alto de la palmera.

Repasa la trayectoria de las cuerdas para saber en qué orden llegarán.

¡QUÉ SORPRESA!

¡Oooh! ¡Hay una gran ave empollando sus huevos en la corona del rey! ¿Qué ave será?

—¡Es una cigüeña! —exclama Watson.

Sherlock Holmes le pregunta enseguida por qué ha robado al rey...

Para entender lo que dice la cigüeña, utiliza tu lupa y sustituye cada símbolo por la vocal correspondiente.

¡TODO ACLARADO!

La cigüeña lo explica todo: ha estado tan ocupada llevando bebés que no ha tenido tiempo de hacer su nido. Por eso les pide que esperen unos días antes de devolver la corona, ya que sus hijitos están a punto de romper el cascarón.

Utiliza tu lupa y cuenta cuántos huevos ha puesto la cigüeña.

UNA AVENTURA CON FINAL FELIZ

Como buen rey de los animales, el león ha aceptado esperar para recuperar su corona, y con mucha alegría todos vienen a celebrar el nacimiento de las pequeñas cigüeñas. ¡Sherlock Holmes está orgulloso de su equipo por este nuevo caso con final feliz!

Utiliza tu lupa y busca todas las cigüeñitas. ¿Cuántas ves?

SOLUCIONES

Página 4

En la carta pone: «¡Han robado la corona del rey!».

Página 5

Es un león.

Página 6

Página 7

El inspector dice: «¡Hay que ir a la sabana!».
(h – ay – que – ir – a la – sabana).

Página 8

Página 9

Es este conductor de taxi:

Páginas 10-11

Página 12

Hay seis cachorros de león.

Página 13

Hay 11 huesos.

Página 14

Página 15

Es una jirafa.

Página 16

Página 17

Páginas 18-19

Página 20

El hipopótamo dice: «La jirafa se encuentra detrás».

(la – j – ira – fa – se en cu – entra – de – trás).

Página 21

Página 22

La jirafa dice cinco veces «no» y cuatro veces «sí». Por lo tanto, no ha visto nada.

Página 23

Páginas 24-25

Página 26

La cebra Ginebra dice: «¡No, me dan mucho miedo las leonas!».

Página 27

Página 28

Página 29

Queda el nombre GRULLA.

Páginas 30-31

Página 32

Página 33

Hay cuatro cubos que aún no están llenos.

Página 34

Página 35

Página 36

Es una grulla.

Página 37

Páginas 38-39

Hay 15 grullas.

Página 40

No hay ninguna corona en los picos de los pelícanos.

Página 41

Es un hatillo.

Página 42

El león dice: «Los cachorros localizaron una pluma».
(los – ca – chorros – l – oca – l – izar – on – una – pluma).

Página 43

Página 44

Cinco ñus van hacia la derecha y seis ñus van hacia la izquierda. Hay que seguir a los que van hacia la izquierda.

Página 45

Páginas 46-47

Página 48

Página 49

Página 50

¡Aquí está la corona!

Página 51

Sherlock Holmes llegará el primero (1) a lo alto de la palmera, seguido del doctor Watson, que llegará el segundo (2); de Toby, que llegará el tercero (3), y de Maki, que será el cuarto (4).

Página 52

La cigüeña dice: «Necesitaba un nido».

Página 53

La cigüeña ha puesto cinco huevos en su nido.

Páginas 54-55

Hay cinco cigüeñitas.

¡Acompaña a Sherlock Holmes en otras aventuras!

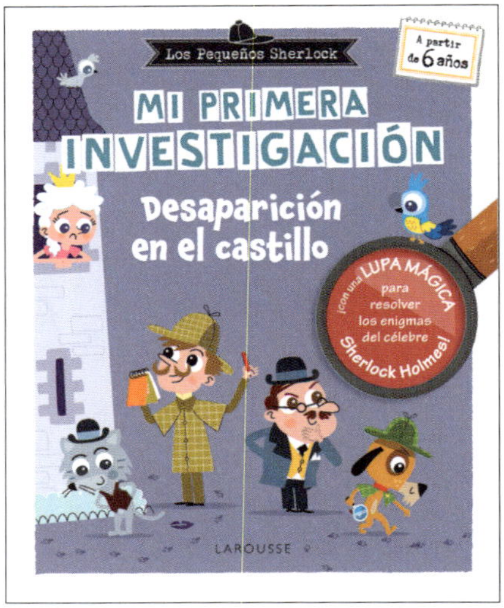

EDICIÓN ORIGINAL
Dirección editorial: Sophie Chanourdie
Edición: Laurence Lesbre
Maquetación: Karine Nayé

EDICIÓN EN ESPAÑOL
Dirección editorial: Jordi Induráin Pons
Edición: Emili López Tossas
Traducción: Ana M. Peris Moreno
Corrección: Àngels Olivera Cabezón
Maquetación y adaptación de la cubierta: Víctor Gomollón

Bac de Roda, 64, 1.ª planta, local B, 08019 Barcelona
www.larousse.es - clientes@grupoanaya.com

Primera edición: octubre 2024

ISBN: 978-84-10124-66-0
Depósito legal: B-10547-2024
1E1I

PAPEL DE FIBRA CERTIFICADA

¿HAS RESUELTO TODOS LOS ENIGMAS?

Si es así, ¡es el momento de rellenar tu diploma!

DIPLOMA DE INVESTIGADOR/A EXPERTO/A

Otorgado a ....

....

....

Con el agradecimiento
de Sherlock Holmes...
...¡y de Toby!

Sherlock Holmes